Oraciones de una madre por su hijo militar

21 devocionales para confiar en Dios mientras tu hijo sirve lejos

Ivelisse Adorno

Kitvi Editorial, LLC

Copyright Page

ISBN (Paperback): 978-1-972139-00-4

Publicado por
Kitvi Editorial, LLC

Estados Unidos de América

Primera edición 2026

Diseño de portada: Kitvi Editorial
Diseño interior: Kitvi Editorial

DEDICATORIA

Para Gla

Para la madre valiente que ha aprendido a transformar la preocupación en oración y la distancia en fe.

Que cada página de este libro te recuerde que Dios cuida de tu hijo, incluso cuando tú no puedes verlo…
y que mientras tú oras, Él nunca deja de obrar.

Detrás de cada hijo que sirve. hay una madre que ora.

TABLA DE CONTENIDO

Introducción   7

Cuando la mente imagina lo peor   9

Cuando el silencio inquieta el corazón   11

Entregar lo que no puedo controlar   13

Cuando el corazón se llena de "¿y si...?"   15

Dios conoce el lugar donde está tu hijo   17

Cuando el corazón se cansa de preocuparse   19

Cuando la fe y el miedo caminan juntos   21

Cuando necesitas recordar que tu hijo no está solo   23

Cuando las noticias inquietan el corazón   25

Cuando el orgullo y la preocupación viven en el mismo corazón
  27

Cuando el corazón aprende a confiar cada día   29

Cuando el amor de una madre se convierte en oración   31

Cuando necesitas descansar de pensar tanto   33

Cuando recuerdas que Dios ama a tu hijo más que tú   35

Cuando necesitas recordar que Dios es su protector   37

Cuando el corazón necesita recordar que Dios está obrando
  39

Cuando el corazón aprende a descansar en Dios   41

Cuando la esperanza vuelve al corazón   43

Cuando el amor de una madre sigue acompañando   45

Cuando necesitas recordar que Dios camina delante de él47

Una madre nunca ora sola   49

Versículos para momentos de emergencia   51

Oración final de una madre	54

Conclusión	56

Sobre la autora	58

Sobre Kitvi Editorial, LLC	59

Introducción

Hay preocupaciones que no se dicen en voz alta.

Se sienten en el pecho, se piensan en silencio y aparecen en los momentos más inesperados del día. Así vive muchas veces el corazón de una madre cuyo hijo sirve lejos.

No siempre es algo que esté ocurriendo. A veces es la imaginación, el silencio, una noticia... o simplemente el amor, que al no poder proteger con cercanía, intenta hacerlo a través del pensamiento.

Este devocional nace desde un lugar muy real.

Nace de ver a mi hermana llorar, de escuchar su voz cargada de ansiedad por su hijo, y de sentir, como hermana, el peso de no poder hacer nada... excepto orar. En medio de ese momento, entendí algo con claridad: hay batallas que no se ganan con control, sino con entrega.

Porque aunque una madre ama profundamente, hay un cuidado que solo puede venir de Dios.

Y es ahí donde este devocional encuentra su propósito.

Aquí no encontrarás respuestas perfectas ni promesas vacías de que todo será fácil. Pero sí encontrarás un espacio para respirar, para orar y para recordar que no estás sola.

La fe no siempre elimina la ansiedad, pero sí puede transformarla. Puede tomar lo que inquieta el corazón y llevarlo a un lugar de Descanso en Dios.

Cada día de este devocional es una invitación sencilla: traer a tu hijo delante de Dios una vez más... y permitir que tu corazón también sea cuidado en el proceso.

Porque mientras tú piensas en tu hijo, Dios lo está cuidando.

Y mientras tú oras, Dios sigue obrando.

Día 1

Cuando la mente imagina lo peor

Filipenses 4:6–7

"No se inquieten por nada; más bien, en toda ocasión, con oración y ruego, presenten sus peticiones a Dios... y la paz de Dios, que sobrepasa todo entendimiento, cuidará sus corazones."

Ser madre de alguien que sirve lejos puede traer momentos de profunda preocupación. A veces no es lo que realmente está ocurriendo lo que inquieta el corazón, sino lo que la mente comienza a imaginar.

Un silencio largo, una noticia en la televisión o un pensamiento que aparece sin avisar puede hacer que la imaginación construya escenarios que llenan el corazón de miedo.

Si alguna vez te has descubierto pensando así, no significa que te falte fe. Significa que amas profundamente. El amor de una madre siempre quiere proteger, incluso cuando la distancia no lo permite.

Dios conoce ese amor. Él entiende el corazón de una madre que quisiera poder estar cerca para cuidar a su hijo en todo momento. Por eso la Biblia no nos pide que ignoremos nuestras preocupaciones, sino que las llevemos a Dios. Cada pensamiento que trae miedo puede convertirse en una oración.

Cada momento de inquietud puede convertirse en una oportunidad para recordar que Dios ve a tu hijo incluso cuando tú no puedes verlo.

Hoy no necesitas tener todas las respuestas. Solo necesitas recordar que mientras tú piensas en tu hijo, Dios lo está cuidando.

Oración

Señor,
cuando mi mente empieza a imaginar lo peor, ayúdame a recordar que tú ya estás cuidando a mi hijo. Protégelo donde esté, guíalo en cada paso y llena mi corazón con tu paz. Hoy pongo su vida nuevamente en tus manos. Amén.

Declaración

Hoy elijo confiar en el cuidado de Dios sobre mi hijo.

Mi oración hoy por mi hijo:

Día 2

Cuando el silencio inquieta el corazón

Salmo 46:1

"Dios es nuestro amparo y nuestra fortaleza, nuestro pronto auxilio en las tribulaciones."

Hay momentos en los que el silencio puede inquietar el corazón de una madre. Tal vez el teléfono no ha sonado, tal vez han pasado varias horas sin saber nada de tu hijo, y la mente comienza a llenarse de preguntas. El corazón quiere saber que todo está bien.

En esos momentos, la imaginación puede comenzar a trabajar más rápido de lo que debería. La mente intenta llenar los espacios de silencio con suposiciones que muchas veces no reflejan la realidad.

Pero el silencio no siempre significa peligro. Muchas veces solo significa que la vida sigue su curso: responsabilidades, turnos largos, días ocupados y momentos en los que simplemente no hay oportunidad de llamar.

Dios no depende de noticias para saber cómo está tu hijo. Él no necesita llamadas, mensajes ni reportes para conocer cada paso que tu hijo da.

Donde tu hijo está ahora mismo, Dios ya está presente.

Mientras tú esperas aquí, Dios está allí. Mientras el silencio se hace largo para ti, para Dios no hay incertidumbre.

Hoy puedes permitir que ese silencio no sea un espacio de miedo, sino un recordatorio de que el cuidado de Dios sigue activo incluso cuando tú no sabes qué está ocurriendo.

Tu hijo nunca está fuera de las manos de Dios.

Oración

Señor,
cuando el silencio me inquieta y mi mente comienza a preocuparse, ayúdame a recordar que tú estás cuidando a mi hijo. Protégelo donde esté, guarda sus pasos y lléname con tu paz mientras confío en tu cuidado. Amén.

Declaración

Incluso en el silencio, Dios está cuidando a mi hijo.

Mi oración hoy por mi hijo:

Día 3

Entregar lo que no puedo controlar

Salmo 121:3–4

"No permitirá que tu pie resbale; jamás duerme el que te cuida. En efecto, no duerme ni se adormece el que cuida a Israel."

Hay cosas que como madre quisieras poder controlar. Quisieras saber exactamente dónde está tu hijo en todo momento, qué está haciendo, con quién está y que nada malo pueda acercarse a él. Ese deseo nace del amor.

Pero llega un momento en la vida en que ese control ya no es posible. Y cuando un hijo sirve lejos, esa realidad se siente aún más fuerte.

El corazón de una madre quiere estar alerta todo el tiempo, vigilando, pendiente de todo. Pero también es cierto que vivir así puede cansar profundamente.

Dios nunca se cansa.

Mientras tú duermes, Él vela.
Mientras tú trabajas, Él sigue cuidando.
Mientras tú oras, Él ya está actuando.

Entregar el control no significa dejar de amar. Significa reconocer que hay un cuidado mayor que el nuestro.

Hoy puedes tomar aquello que te preocupa y colocarlo en las manos de Dios una vez más. Él no se distrae, no se equivoca y nunca pierde de vista a quienes ama.

Tu hijo está bajo el cuidado constante de un Dios que nunca duerme.

Oración

Señor,
hoy reconozco que hay cosas que no puedo controlar. Pongo la vida de mi hijo en tus manos. Cuídalo, protégelo y guíalo en cada paso que dé. Ayúdame a descansar en tu cuidado y a confiar en que tú velas por él en todo momento. Amén.

Declaración

Dios cuida a mi hijo en todo momento.

Mi oración hoy por mi hijo:

Día 4

Cuando el corazón se llena de "¿y si...?"

Mateo 6:34

"Así que no se preocupen por el mañana, porque el mañana traerá su propia preocupación. Cada día tiene ya sus propios problemas."

A veces todo comienza con una pregunta pequeña: "¿Y si...?"

¿Y si algo pasa?
¿Y si está en peligro?
¿Y si ocurre algo que no puedo evitar?

Sin darte cuenta, esa pregunta empieza a crecer y a formar una cadena de pensamientos que llenan el corazón de inquietud.

La mente, cuando ama profundamente, intenta adelantarse a cualquier posible dolor. Pero casi siempre lo hace imaginando lo peor.

Jesús conocía esta tendencia del corazón humano. Por eso nos enseñó algo tan simple como poderoso: vivir un día a la vez. Hoy no necesitas cargar con el mañana. Hoy no necesitas resolver lo que aún no ha ocurrido.

Tu hijo tiene un hoy. Y Dios está con él en ese hoy.

El mañana todavía no ha llegado, pero cuando llegue, Dios también estará allí. Hoy puedes soltar esos "¿y si...?" y descansar en el cuidado de Dios para este momento.

Oración

Señor,
cuando mi mente se llena de preguntas y de "¿y si...?", ayúdame a regresar al presente. Hoy pongo a mi hijo en tus manos. Cuídalo donde esté y lléname con tu paz para confiar en ti un día a la vez. Amén.

Declaración

Hoy confío en Dios un día a la vez.

Mi oración hoy por mi hijo:

Día 5

Dios conoce el lugar donde está tu hijo

Salmo 139:7–10

"¿A dónde podría alejarme de tu Espíritu? ¿A dónde podría huir de tu presencia? Si subiera a los cielos, allí estás tú…"

Hay momentos en los que lo más difícil no es lo que pasa, sino no saber exactamente dónde está tu hijo o qué está haciendo en ese momento.

Cuando eran pequeños, sabías todo. Dónde estaban, qué hacían, cuándo regresaban. Ahora hay distancia. Y esa distancia a veces se siente más en el corazón que en los kilómetros.

Pero hay una verdad que puede traer descanso: puede que tú no sepas exactamente dónde está tu hijo en este momento, pero Dios sí lo sabe.

No hay base, ciudad, frontera ni misión que esté fuera de la presencia de Dios. Él ve cada paso, cada lugar y cada momento.

Donde tu hijo está ahora mismo, Dios está.

No hay distancia para Él.
No hay lugar demasiado lejos.
No hay momento que escape de su cuidado.

Hoy puedes descansar en esa verdad: tu hijo nunca está fuera del alcance de Dios.

Oración

Señor,
gracias porque tú sabes exactamente dónde está mi hijo hoy. Ningún lugar está lejos de tu presencia. Te pido que lo guardes, lo protejas y lo acompañes dondequiera que esté. Ayúdame a descansar en tu cuidado. Amén.

Declaración

Dios está con mi hijo dondequiera que él esté.

Mi oración hoy por mi hijo:

Día 6

Cuando el corazón se cansa de preocuparse

1 Pedro 5:7

"Depositen en Él toda ansiedad, porque Él cuida de ustedes."

Hay días en que la preocupación no es un pensamiento pasajero, sino una carga constante. Acompaña el día. Vuelve en la noche. Y se queda más tiempo del que quisieras.

El amor de una madre es profundo, y por eso la mente intenta adelantarse a cualquier posible peligro. Pero vivir en ese estado de alerta constante puede cansar el corazón.

Dios conoce ese cansancio. Por eso no nos pide que ignoremos la ansiedad, sino que la entreguemos.

Depositar algo en las manos de Dios significa reconocer que no tenemos que cargarlo todo solos. Significa decir: "Señor, esto me preocupa, pero lo pongo en tus manos porque sé que tú cuidas mejor de lo que yo puedo hacerlo."

Hoy puedes soltar ese pensamiento que vuelve una y otra vez. Tal vez mañana tengas que hacerlo de nuevo. Y está bien.

Confiar muchas veces no es un acto único, sino una decisión diaria.

Oración

Señor,
tú conoces las preocupaciones que llevo en mi corazón. Hoy las pongo en tus manos. Cuida de mi hijo donde esté y ayúdame a descansar en tu cuidado. Llena mi corazón con tu paz mientras aprendo a confiar en ti cada día. Amén.

Declaración

Hoy entrego mis preocupaciones a Dios.

Mi oración hoy por mi hijo:

<h1 style="text-align:center">Día 7</h1>

<h1 style="text-align:center">Cuando la fe y el miedo caminan juntos</h1>

Isaías 41:10

"No temas, porque yo estoy contigo; no desmayes, porque yo soy tu Dios."

A veces pensamos que tener fe significa no sentir miedo. Pero la realidad es que muchas veces la fe y el miedo caminan juntos por un tiempo.

Puedes confiar en Dios... y aun así preocuparte. Puedes tener fe... y sentir inquietud en el corazón. Eso no significa que tu fe es débil. Significa que eres humana.

Dios no se aleja cuando sentimos temor. Él se acerca. Su presencia no depende de que nuestro corazón esté completamente en calma.

La fe no siempre elimina el miedo de inmediato. Pero sí nos enseña hacia dónde mirar cuando el miedo aparece.

Hoy no necesitas esperar a sentirte completamente tranquila para confiar en Dios.

Puedes traer tu corazón tal como está.

Y poco a poco, mientras eliges confiar, la paz comienza a ocupar más espacio que el miedo.

21

Oración

Señor,
a veces siento preocupación por mi hijo, pero hoy decido traerte todo lo que hay en mi corazón. Fortalece mi fe, lléname con tu paz y cuida de mi hijo dondequiera que esté. Gracias porque tú estás conmigo incluso en medio de mis inquietudes. Amén.

Declaración

Mi fe es más fuerte que mi miedo porque Dios está conmigo.

Mi oración hoy por mi hijo:

Día 8

Cuando necesitas recordar que tu hijo no está solo

Josué 1:9

"Mira que te mando que te esfuerces y seas valiente; no temas ni desmayes, porque el Señor tu Dios estará contigo dondequiera que vayas."

Hay algo que duele en el corazón de una madre: pensar que su hijo está lejos... y solo. Esa imagen puede aparecer sin avisar. Tu mente intenta imaginar dónde está, cómo está, si alguien lo cuida, si alguien lo acompaña.

Pero hay una verdad más grande que cualquier pensamiento: tu hijo nunca está solo. Puede que tú no estés físicamente allí. Puede que no puedas verlo ni hablar con él en todo momento.

Pero Dios sí está.

Donde tu hijo camina, Dios camina. Donde tu hijo descansa, Dios está presente. Donde tu hijo enfrenta desafíos, Dios lo sostiene.

No hay turno, misión, frontera ni lugar donde la presencia de Dios no pueda alcanzarlo.

Hoy, en lugar de imaginar soledad, puedes recordar compañía.

Tu hijo está acompañado por Aquel que nunca se va.

Oración

Señor,
cuando mi corazón siente que mi hijo está solo,
recuérdame que tú estás con él. Acompáñalo en cada paso,
protégelo y rodéalo de tu presencia. Ayúdame a descansar
en la seguridad de que nunca lo dejas. Amén.

Declaración

Mi hijo nunca está solo, Dios está con él.

Mi oración hoy por mi hijo:

Día 9

Cuando las noticias inquietan el corazón

Salmo 112:7

"No temerá recibir malas noticias; su corazón está firme, confiado en el Señor."

Vivimos en un mundo donde las noticias llegan rápido... y muchas veces no traen paz. Un titular, un video, una historia que alguien comparte... y de inmediato el corazón se aprieta.

Sin darte cuenta, comienzas a conectar lo que ves con tu hijo. La mente intenta hacer relaciones que aumentan la preocupación.

Pero no todo lo que escuchas es lo que está viviendo tu hijo. Las noticias muestran realidades, sí. Pero también amplifican el miedo cuando no las filtramos con fe.

Dios no quiere que vivas reaccionando a cada información que aparece. Él quiere que tu corazón tenga una base más firme que cualquier noticia: Su presencia.

Tu paz no depende de lo que dicen los medios.
Depende de en quién decides confiar.

Hoy puedes elegir no alimentar el miedo con información que no controlas, sino alimentar tu fe con la verdad de que Dios sigue cuidando a tu hijo.

Oración

Señor,
cuando escucho noticias que inquietan mi corazón,
ayúdame a no dejarme llevar por el miedo. Recuérdame
que tú estás en control y que cuidas de mi hijo en todo
momento. Llena mi corazón de confianza en ti. Amén.

Declaración

Mi corazón está firme porque confío en Dios.

Mi oración hoy por mi hijo:

Día 10

Cuando el orgullo y la preocupación viven en el mismo corazón

Salmo 20:7

"Estos confían en carros, y aquellos en caballos; mas nosotros del nombre del Señor nuestro Dios tendremos memoria."

Hay un sentimiento que muchas madres experimentan y a veces no saben cómo nombrarlo. Por un lado, hay orgullo. Orgullo por lo que tu hijo hace, por su valentía, por su decisión de servir.

Pero al mismo tiempo, hay preocupación. Una preocupación constante que no siempre se dice en voz alta.

Y a veces ambos sentimientos viven juntos en el mismo corazón.

Te sientes orgullosa... pero también vulnerable. Agradecida... pero inquieta. Dios no te pide que elijas uno u otro.

Él entiende ambos.

Puedes honrar el propósito de tu hijo y al mismo tiempo traer tu preocupación delante de Dios.

No necesitas esconder lo que sientes para parecer fuerte.
La verdadera fortaleza no está en no sentir, sino en saber
a dónde llevar lo que sientes.

Hoy puedes reconocer ambas cosas: el orgullo y la
preocupación… y entregarlas a Dios.

Oración

Señor,
gracias por el propósito que has puesto en la vida de mi
hijo. Hoy te entrego tanto mi orgullo como mi
preocupación. Cuídalo, protégelo y guíalo en todo
momento. Ayúdame a confiar en ti mientras descanso en
tu cuidado. Amén.

Declaración

Confío en Dios por encima de lo que siento.

Mi oración hoy por mi hijo:

Día 11

Cuando el corazón aprende a confiar cada día

Proverbios 3:5-6

"Confía en el Señor con todo tu corazón y no te apoyes en tu propia prudencia; reconócelo en todos tus caminos, y Él enderezará tus sendas."

Confiar en Dios no siempre ocurre de una vez para siempre. Hay días en que confías con facilidad. Y hay días en que tienes que recordártelo una y otra vez.

La confianza no es solo un sentimiento, es una práctica diaria. Es decidir, incluso cuando la mente quiere irse hacia la preocupación, regresar a la verdad de que Dios está en control.

Es volver a decir: "Señor, confío en ti"... aunque el corazón todavía esté aprendiendo. Dios no espera una confianza perfecta. Él honra una confianza constante.

Cada vez que eliges confiar, aunque sea con dudas, estás creciendo. Hoy no necesitas tener una fe perfecta.

Solo necesitas dar un paso más en confiar.

Oración

Señor,
enséñame a confiar en ti cada día. Aun cuando mi mente duda o mi corazón se inquieta, ayúdame a regresar a tu verdad. Pongo la vida de mi hijo en tus manos y confío en que tú lo guías en todo momento. Amén.

Declaración

Hoy doy un paso más en confiar en Dios.

Mi oración hoy por mi hijo:

Día 12

Cuando el amor de una madre se convierte en oración

Romanos 12:12

"Alégrense en la esperanza, muestren paciencia en el sufrimiento, perseveren en la oración."

Llega un momento en la vida de una madre en el que el amor ya no puede expresarse de la misma manera que antes. Cuando los hijos eran pequeños, ese amor se veía en abrazos, en cuidados constantes, en la forma de estar pendientes de cada detalle. Pero cuando un hijo crece y comienza a servir lejos, muchas de esas expresiones cambian. Entonces el amor busca otra manera de permanecer cerca. Y muchas veces, esa manera es la oración.

Orar por un hijo no es una reacción pequeña ni un recurso de último momento. Es una de las formas más profundas de amar cuando ya no puedes estar presente en cada instante. Cada pensamiento que tienes sobre tu hijo puede convertirse en una oración. Cada preocupación puede transformarse en una entrega. Cada recuerdo puede convertirse en una bendición pronunciada delante de Dios.

Tal vez no siempre tengas palabras elaboradas. Tal vez algunos días solo puedas decir: "Señor, cuídalo." Pero incluso esa oración sencilla nace de un amor verdadero, y Dios la escucha. La oración de una madre llega donde sus brazos no pueden llegar. Cruza distancias, atraviesa silencios y se levanta delante de Dios como una expresión de fe y amor.

Hoy, si piensas mucho en tu hijo, no te castigues por eso. Más bien, convierte ese pensamiento en oración. Lo que pesa en tu corazón puede volverse una conversación con Dios. Y mientras tú oras aquí, Dios sigue obrando allá.

Oración

Señor,
gracias porque puedo traer a mi hijo delante de ti una y otra vez. Toma cada pensamiento que tengo sobre él y conviértelo en una oración que llegue a tu presencia. Cuídalo, protégelo y rodéalo de tu paz. Amén.

Declaración

Mi amor se convierte en oración.

Mi oración hoy por mi hijo:

Día 13

Cuando necesitas descansar de pensar tanto

Isaías 26:3

"Tú guardarás en completa paz a aquel cuyo pensamiento en ti persevera, porque en ti ha confiado."

Hay días en que no ha pasado nada malo, pero la mente se siente agotada. No por lo que ocurrió, sino por todo lo que ha pensado. Pensamientos que vienen, regresan, se repiten y no terminan de irse. La mente analiza, imagina, anticipa, intenta prevenir y, sin darse cuenta, termina cansando el corazón.

Eso le sucede mucho a una madre que ama profundamente. El amor quiere proteger, y cuando no puede hacerlo con su presencia, muchas veces lo intenta haciendo otra cosa: pensando sin parar. Pero pensar demasiado no siempre trae claridad. Muchas veces solo aumenta el peso emocional y roba la paz que tanto necesitas.

Dios no te creó para vivir en un estado constante de tensión mental. Él también quiere darte descanso en esa parte de tu vida que nadie ve: tus pensamientos. Por eso este versículo no habla solo de confianza, sino también de paz. Una paz completa, una paz que guarda la mente cuando esta aprende a volver a Dios.

Descansar de pensar tanto no significa dejar de amar a tu hijo. Significa permitir que Dios cargue con aquello que tu mente ha estado tratando de sostener sola. Significa cambiar el enfoque. En vez de quedarte atrapada en pensamientos repetitivos, puedes dirigir tu corazón hacia la verdad de que Dios sigue cuidando a tu hijo incluso ahora.

Hoy date permiso para descansar mentalmente. No necesitas resolver con tu mente lo que solo Dios puede sostener con su mano. Tu hijo está en Su cuidado. Y tu mente también puede encontrar reposo allí.

Oración

Señor,
mi mente a veces se llena de pensamientos que me cansan. Hoy te entrego todo lo que he estado tratando de sostener sola. Llena mi mente con tu paz y ayúdame a descansar en ti. Cuida de mi hijo y enséñame a confiar mientras suelto lo que no puedo controlar. Amén.

Declaración

Mi mente descansa en Dios.

Mi oración hoy por mi hijo:

Día 14

Cuando recuerdas que Dios ama a tu hijo más que tú

Jeremías 31:3

"Con amor eterno te he amado; por eso te sigo con fidelidad."

Hay una verdad que puede ser difícil de asimilar, pero que al mismo tiempo trae descanso profundo: Dios ama a tu hijo más de lo que tú puedes amarlo. Como madre, tu amor es fuerte, protector y constante. Quisieras evitarle cualquier dolor, cualquier peligro, cualquier momento difícil. Ese deseo nace de lo más profundo de tu corazón. Pero aun así, el amor de Dios va más allá de lo que tú puedes alcanzar.

Dios no solo ama a tu hijo porque es tu hijo. Lo ama porque es suyo. Lo conoce desde antes de que tú lo vieras por primera vez. Ha estado presente en cada etapa de su vida, en cada decisión, en cada paso que ha dado. Incluso en los momentos en los que tú no has podido estar, Dios sí ha estado.

A veces pensamos que somos nosotras las que más cuidamos, las que más velamos, las que más sentimos. Pero hay un cuidado mayor, más constante y más perfecto que el nuestro. Dios no se cansa, no se distrae y no pierde de vista a quienes ama.

Hoy puedes descansar en esta verdad: tu hijo no está sostenido solo por tu amor, sino por el amor eterno de Dios. Y ese amor no falla, no se debilita y no depende de circunstancias.

Oración

Señor,
gracias porque amas a mi hijo incluso más de lo que yo puedo amarlo. Hoy descanso en tu amor y en tu fidelidad. Cuídalo, protégelo y rodéalo de tu presencia en todo momento. Amén.

Declaración

Dios ama a mi hijo más de lo que yo puedo amarlo.

Mi oración hoy por mi hijo:

Día 15

Cuando necesitas recordar que Dios es su protector

Salmo 121:7-8

"El Señor te protegerá de todo mal, Él protegerá tu vida; el Señor cuidará tu salida y tu llegada desde ahora y para siempre."

Como madre, hay una parte del corazón que siempre quiere proteger. Desde pequeños, estás pendiente de todo: que no se caigan, que no se lastimen, que estén bien. Esa naturaleza no desaparece cuando crecen. Solo cambia la forma en la que se expresa.

Cuando tu hijo está lejos, esa necesidad de proteger puede sentirse aún más intensa, porque ya no puedes intervenir de la misma manera. No puedes estar físicamente allí para asegurarte de que todo esté bien. Y eso puede generar una sensación de vulnerabilidad.

Pero hay una verdad que sostiene el corazón: tú no eres la única que cuida a tu hijo.

Dios es su protector.

No por momentos, no solo cuando tú oras, sino en todo tiempo. Él cuida su salida y su entrada, sus decisiones, sus caminos, incluso aquellos momentos que tú no puedes ver ni conocer. Su protección no depende de tu cercanía, sino de su presencia constante.

Hoy puedes soltar un poco ese peso de querer cubrirlo todo. Dios ya está cubriendo lo que tú no puedes alcanzar. Tu hijo no está desprotegido. Está bajo el cuidado de un Dios que vela por él en todo momento.

Oración

Señor,
hoy reconozco que tú eres el protector de mi hijo. Cuida cada uno de sus pasos, guarda su vida y acompáñalo en todo momento. Ayúdame a descansar en tu protección y a confiar en que tú estás con él. Amén.

Declaración

Dios protege a mi hijo en todo momento.

Mi oración hoy por mi hijo:

Día 16

Cuando el corazón necesita recordar que Dios está obrando

Romanos 8:28

"Ahora bien, sabemos que Dios dispone todas las cosas para el bien de quienes lo aman, los que han sido llamados de acuerdo con su propósito."

Hay momentos en los que no ves nada. No hay señales claras, no hay respuestas, no hay evidencia de lo que Dios está haciendo. Todo parece tranquilo... o incluso incierto. Y en ese silencio, el corazón puede comenzar a preguntarse si todo está realmente bien.

Pero el hecho de que no veas a Dios obrando no significa que Él haya dejado de hacerlo.

Dios no trabaja solo cuando hay señales visibles. Él también obra en lo oculto, en lo que no entendemos, en procesos que no podemos ver desde nuestra perspectiva. Mientras tú piensas, esperas o incluso te preocupas, Dios sigue moviéndose a favor de tu hijo.

Él está cuidando detalles que tú no conoces. Está abriendo caminos que tú no puedes anticipar. Está interviniendo en momentos que ni siquiera sabrás que ocurrieron.

Como madre, es natural querer ver para sentir paz. Pero hay una paz más profunda que nace cuando decides confiar aunque no veas.

Hoy puedes recordar esto: Dios no ha dejado de obrar en
la vida de tu hijo. Incluso ahora, Él está presente, guiando,
protegiendo y trabajando en todo aquello que tú no puedes
controlar.

Oración

Señor,
aunque no siempre vea lo que estás haciendo, hoy decido
confiar en que tú estás obrando en la vida de mi hijo.
Cuídalo, guíalo y abre camino delante de él. Ayúdame a
descansar en tu obra, aun cuando no la entienda. Amén.

Declaración

Dios está obrando en la vida de mi hijo, incluso cuando no
lo veo.

Mi oración hoy por mi hijo:

Día 17

Cuando el corazón aprende a descansar en Dios

Salmo 62:1

"Solo en Dios halla descanso mi alma; de Él viene mi salvación."

Después de tantos pensamientos, oraciones, emociones y momentos de incertidumbre, llega una necesidad profunda: descansar.

No un descanso físico solamente, sino un descanso del alma. Un lugar donde el corazón deje de estar en alerta constante, donde la mente deje de correr, donde la preocupación pierda fuerza.

Ese descanso no se encuentra en tener todas las respuestas. Tampoco en saber exactamente qué está pasando en cada momento.

Se encuentra en Dios.

Descansar en Dios no significa que todo esté resuelto, sino que has decidido confiar en Aquel que sí lo tiene todo en sus manos. Es permitir que tu alma se recueste en una verdad más grande que tus pensamientos: Dios está en control.

Como madre, tu amor siempre estará activo. Siempre pensarás, siempre cuidarás, siempre sentirás. Pero también necesitas momentos en los que simplemente descanses en la seguridad de que no todo depende de ti.

Hoy puedes permitirte ese descanso. No porque todo esté claro, sino porque Dios sigue siendo fiel.

Oración

Señor,
hoy quiero descansar en ti. Suelto la necesidad de tener control y pongo mi confianza en tus manos. Cuida de mi hijo, protégelo y lléname con tu paz mientras aprendo a descansar en tu fidelidad. Amén.

Declaración

Mi alma descansa en Dios.

Mi oración hoy por mi hijo:

Día 18

Cuando la esperanza vuelve al corazón

Lamentaciones 3:21–23

"Pero algo más me viene a la memoria, lo cual me llena de esperanza: el gran amor del Señor nunca se acaba, y su compasión jamás se agota."

Hay días en los que el corazón se siente más ligero. No porque todo haya cambiado, ni porque tengas más información, sino porque algo dentro de ti comienza a descansar un poco más.

Es como si, por un momento, la preocupación soltara su fuerza... y la esperanza encontrara espacio para volver.

La esperanza no siempre llega con grandes señales. A veces regresa de forma suave, casi silenciosa. Llega cuando recuerdas quién es Dios. Cuando decides creer que Él sigue siendo bueno, fiel y presente, incluso en medio de la incertidumbre.

Como madre, es fácil que el corazón se incline hacia el miedo. Pero también es cierto que puede aprender a regresar a la esperanza una y otra vez.

No porque ignores la realidad, sino porque eliges ver esa realidad a través de la fidelidad de Dios.

Hoy, si sientes un pequeño descanso, abrázalo. No lo cuestiones. No lo interrumpas con pensamientos de duda.

Permite que la esperanza vuelva a ocupar su lugar en tu corazón.

Oración

Señor,
gracias porque tu amor nunca se acaba. Hoy permito que la esperanza vuelva a mi corazón. Ayúdame a confiar en tu fidelidad y a descansar en que tú estás cuidando a mi hijo en todo momento. Amén.

Declaración

La esperanza vive en mi corazón porque Dios es fiel.

Mi oración hoy por mi hijo:

Día 19

Cuando el amor de una madre sigue acompañando

Isaías 66:13

"Como a quien consuela su madre, así los consolaré yo; en Jerusalén serán consolados."

Aunque tu hijo esté lejos, hay algo que nunca se rompe: el vínculo que los une.

El amor de una madre no depende de la distancia. No se debilita con los kilómetros, ni desaparece con el tiempo. Sigue presente, sigue activo, sigue acompañando de una manera que muchas veces no se puede explicar.

Tal vez no puedes abrazarlo hoy. Tal vez no puedes verlo ni hablar con él en todo momento.

Pero tu amor sigue allí.

En cada oración, en cada pensamiento, en cada recuerdo, en cada momento en que lo traes delante de Dios, estás acompañándolo de una forma real.

Y aún más hermoso que eso es saber que Dios también acompaña. Él no solo está con tu hijo, también está contigo. Él consuela, sostiene y entiende lo que hay en tu corazón.

No estás sola en este proceso. Ni tú ni tu hijo lo están.

Hoy puedes descansar en esta verdad: el amor no se detiene con la distancia. Sigue alcanzando, sigue cubriendo y sigue conectando.

Oración

Señor,
gracias porque el amor que siento por mi hijo sigue acompañándolo aun en la distancia. Consuélame cuando lo necesite y recuérdame que tú estás con él y conmigo en todo momento. Amén.

Declaración

Mi amor sigue acompañando a mi hijo, y Dios también.

Mi oración hoy por mi hijo:

Día 20

Cuando necesitas recordar que Dios camina delante de él

Deuteronomio 31:8

"El Señor mismo irá delante de ti y estará contigo; nunca te dejará ni te abandonará."

Como madre, muchas veces piensas en el camino que tu hijo tiene por delante. Te preguntas cómo serán sus días, qué enfrentará, qué decisiones tendrá que tomar, qué situaciones podrían aparecer en su camino.

Es natural querer adelantarte, querer preparar el terreno, querer asegurarte de que todo esté bien antes de que él llegue allí.

Pero hay algo que trae descanso profundo: tu hijo nunca camina hacia lo desconocido solo.

Dios ya está delante de él.

Antes de que tu hijo llegue a un lugar, Dios ya está allí. Antes de que enfrente una situación, Dios ya la ha visto. Antes de que tenga que tomar una decisión, Dios ya conoce el resultado.

Él no solo acompaña, Él va delante.

Eso significa que no hay camino improvisado, no hay paso fuera de Su conocimiento, no hay momento que lo tome por sorpresa.

Hoy puedes soltar ese peso de querer anticiparlo todo. Dios ya está preparando lo que viene. Y tu hijo camina hacia un lugar donde la presencia de Dios ya lo espera.

Oración

Señor,
gracias porque tú vas delante de mi hijo. Prepara cada camino, cuida cada paso y acompáñalo en todo momento. Ayúdame a descansar en que tú ya estás donde él va a estar. Amén.

Declaración

Dios va delante de mi hijo en todo momento.

Mi oración hoy por mi hijo:

Día 21

Una madre nunca ora sola

Mateo 18:20

"Porque donde dos o tres se reúnen en mi nombre, allí estoy yo en medio de ellos."

A lo largo de este camino, has orado muchas veces. En silencio, en voz baja, quizás con lágrimas, quizás en medio de tus rutinas diarias.

Y aunque a veces pueda sentirse como si estuvieras sola en ese momento, la realidad es otra.

Nunca oras sola.

Dios está contigo en cada oración. Él escucha cada palabra, incluso aquellas que no logras decir completamente. Él conoce la intención de tu corazón, la profundidad de tu amor y el peso de tus pensamientos.

Cada oración que has hecho por tu hijo ha sido escuchada. Ninguna se ha perdido. Ninguna ha sido ignorada.

Además, no eres la única madre que ora. Hay muchas otras, en distintos lugares, con el mismo amor, con la misma fe, levantando oraciones por sus hijos que sirven.

Hay una red invisible de fe, de amor y de intercesión.

Y en medio de todo eso, Dios sigue obrando.

Hoy puedes cerrar este tiempo con una certeza firme: tus oraciones tienen valor, tienen peso y llegan al cielo.

No estás sola. Nunca lo has estado.

Oración

Señor,
gracias porque siempre escuchas mis oraciones. Hoy te entrego nuevamente la vida de mi hijo. Cuídalo, protégelo y acompáñalo en todo momento. Gracias porque no estoy sola y porque tú siempre estás conmigo. Amén.

Declaración

Nunca oro sola, Dios siempre me escucha.

Mi oración hoy por mi hijo:

Versículos para momentos de emergencia

Hay momentos en los que el corazón se acelera, la mente no se detiene y la paz parece lejana. En esos instantes, no siempre hay fuerzas para leer un devocional completo... pero sí para aferrarse a una verdad.

Esta lista es para esos momentos.

Cuando no sepas qué pensar, lee.
Cuando no sepas qué decir, declara.
Cuando no sepas qué hacer, vuelve a estos versículos.

Cuando sientas ansiedad

Filipenses 4:6–7
"No se inquieten por nada... y la paz de Dios, que sobrepasa todo entendimiento, cuidará sus corazones."

Cuando tu mente imagina lo peor

2 Corintios 10:5
"...llevamos cautivo todo pensamiento para que se someta a Cristo."

Cuando no sabes nada de tu hijo

Salmo 121:4
"El que cuida de Israel no se adormece ni duerme."

Cuando sientas miedo

Isaías 41:10
"No temas, porque yo estoy contigo…"

Cuando necesites recordar que Dios lo protege

Salmo 121:7–8
"El Señor te protegerá de todo mal…"

Cuando escuches noticias que te inquietan

Salmo 112:7
"No temerá recibir malas noticias…"

Cuando te sientas cansada emocionalmente

Mateo 11:28
"Vengan a mí todos ustedes que están cansados y agobiados, y yo les daré descanso."

Cuando necesites soltar el control

1 Pedro 5:7
"Depositen en Él toda ansiedad, porque Él cuida de ustedes."

Cuando quieras recordar que Dios está con tu hijo

Josué 1:9
"El Señor tu Dios estará contigo dondequiera que vayas."

Cuando necesites paz en tu mente

Isaías 26:3
"Tú guardarás en completa paz a aquel cuyo pensamiento en ti persevera..."

Cuando quieras confiar otra vez

Proverbios 3:5–6
"Confía en el Señor con todo tu corazón..."

Cuando necesites esperanza

Lamentaciones 3:22–23
"El gran amor del Señor nunca se acaba..."

Vuelve a esta página cada vez que tu corazón lo necesite.

Oración final de una madre

Señor,

hoy vengo delante de ti con todo lo que hay en mi corazón. Con mi amor, con mis preocupaciones, con mis pensamientos y con todo aquello que a veces no sé cómo expresar. Tú conoces cada emoción, cada inquietud y cada momento en que mi mente ha intentado adelantarse a lo que no puede controlar.

Te entrego la vida de mi hijo una vez más. No como un acto de desesperación, sino como un acto de confianza. Reconozco que tú lo amas más de lo que yo puedo amarlo, que tú lo ves incluso cuando yo no puedo verlo, y que tu cuidado no depende de mi cercanía, sino de tu presencia constante.

Señor, cuida cada uno de sus pasos. Protégelo en todo momento. Rodéalo de tu paz, guíalo en sus decisiones y guarda su vida dondequiera que esté. Sé su refugio en los momentos difíciles y su fortaleza en cada desafío.

Y mientras tú cuidas de él, cuida también de mí.

Guarda mi mente de pensamientos que me roban la paz. Enséñame a descansar en ti, a confiar en tu fidelidad y a soltar lo que no me corresponde cargar. Cuando el silencio me inquiete, recuérdame que tú estás presente. Cuando la ansiedad quiera tomar lugar, lléname con tu paz.

Hoy decido confiar.

Confío en que tú estás obrando.
Confío en que tú estás cuidando.
Confío en que nunca nos dejas solos.

Gracias porque escuchas cada oración, incluso aquellas que no logro decir con palabras.

En tus manos dejo a mi hijo... y también mi corazón.

Amén.

Conclusión

Si llegaste hasta aquí, quiero que sepas algo…

No estás sola.

Tal vez nadie ve todo lo que pasa por tu mente. Tal vez no dices en voz alta cada preocupación, cada pensamiento, cada "¿y si…?" que aparece cuando estás en silencio. Pero Dios sí lo ve. Y Él también ve tu amor.

Has orado más de lo que otros saben. Has confiado incluso cuando te ha costado. Has seguido adelante aun con el corazón inquieto.

Y eso… también es fe.

No una fe perfecta, no una fe sin dudas, pero sí una fe real. Una fe que se levanta, que insiste, que vuelve a Dios una y otra vez.

Como hermana, quiero decirte esto con todo el corazón: *lo estás haciendo bien.*

Amar así no es fácil. Soltar así no es fácil. Confiar cuando no puedes ver tampoco lo es.

Pero aquí estás.

Y mientras tú sigues orando, Dios sigue obrando.

No tienes que hacerlo perfecto. No tienes que tener todas las respuestas. Solo necesitas seguir trayendo a tu hijo delante de Dios… una y otra vez.

Habrá días más tranquilos y otros más difíciles. Días donde la paz fluye y otros donde la mente vuelve a correr. Y en todos esos días, Dios sigue siendo el mismo.

Fiel. Presente. Cercano.

Así que cuando este libro termine, tu oración no termina.

Sigue hablando con Dios.
Sigue entregando.
Sigue confiando.

Y cuando el corazón se te apriete otra vez... vuelve.

Vuelve a estos versículos.
Vuelve a esta oración.
Vuelve a ese lugar donde Dios te recuerda que Él está en control.

Te abrazo en la distancia.

Y oro contigo.

Sobre la autora

Ivelisse **Adorno** es una mujer de fe, escritora y acompañante de procesos emocionales y espirituales. Su corazón se inclina hacia aquellas mujeres que aman profundamente, pero que en silencio cargan preocupaciones que no siempre saben cómo expresar.

Este devocional nace desde una experiencia real: ver de cerca el corazón de una madre que ora por su hijo mientras sirve lejos. Desde ese lugar, Ivelisse escribe no como quien tiene todas las respuestas, sino como quien cree firmemente que Dios es quien sostiene, cuida y acompaña incluso en los momentos más inciertos.

A través de sus escritos, busca crear espacios de descanso, reflexión y encuentro con Dios, donde la fe no se presenta como perfección, sino como una decisión diaria de confiar.

Sobre Kitvi Editorial, LLC

Kitvi Editorial, LLC es un sello independiente enfocado en crear libros que nutren el corazón, la mente y el espíritu.

Cada publicación nace con el propósito de acompañar procesos reales de vida, integrando fe, reflexión y herramientas prácticas que ayuden al lector a encontrar claridad, descanso y dirección.

Más que libros, Kitvi Editorial, LLC crea recursos que permanecen.